Thanos Kießling, geboren 1963 in Hof an der Saale, lebt und arbeitet in Hof. Er schreibt Lyrik, Erzählungen und Kinderbücher. Seit dreiundzwanzig Jahren leitet er Schreib- und Literaturwerkstätten mit Kindern, Jugendlichen und Erwachsenen. Bisherige Veröffentlichungen, außer in Literaturzeitschriften wie *Ostragehege* und *Signum* sowie in der Anthologie *Schlafende Hunde,* in *Galerie der Steine,* 1996 im Oberbaum Verlag, Berlin; *Nächtliche Brücken,* 2000 im Verlag Die Scheune, Dresden; *Veränderte Ankunft*, 2004 im Verlag Die Scheune, Dresden und *Der Liebe Orte schaffen*, 2006 im Verlag Die Scheune, Dresden.

Thanos Kießling

Zungenblut

Gedichte

Bibliografische Informationen der Deutschen Nationalbibliothek:
Die Deutsche Nationalbibliothek verzeichnet diese Publikation
in der Deutschen Nationalbibliografie; detaillierte bibliografische
Daten sind im Internet über http://dnb.dnb.de abrufbar.

März 2015

© 2015 Thanos Kießling, Hof an der Saale

BoD – Books on Demand, Norderstedt

ISBN: 978-3-7347-4872-1

*Ich aber weiß, dass mein Erlöser lebt,
und als der Letzte wird er über die Erde sich erheben,
und ob auch Würmer mein Fleisch zerfressen werden
und meine Knochen wie Staub sein,
werde ich dennoch Gott sehen,
ihn werde ich selber sehen
und meine Augen werden ihn schauen
und nicht als ein Fremder.*

HIOB 19, 25.

Liebe und Traum

Die Liebe
hat man aufgeentert

der Dolch zwischen
den Zähnen
schmilzt

Zungenblut
Speichelwürze

ein kurzer Satz
das Ende schult
dich

hinabzustürzen
auf das Achterdeck
des Traums.

Beim Wohnungsauflösen eines verstorbenen Emigranten hingen noch die Bilder seiner Eltern an der Wand, kleine schwarze Rahmen waren es mit braungrauen Gesichtern darin, die einst liebten, sich und das Kind und das Leben.

Der Möbelpacker Jake nimmt sie von der Wand, wo sofort der Stempel des Nichts auf der uralten Tapete zurückbleibt.
Er sieht sie an und schnauft, als wäre es ihr letzter Atem vor dem Vergessenwerden, vor der Müllhalde des anderen Kontinents.

Und die Welt tut so, als ob sie nichts vergäße. Aber auch das lässt nach. Ob der verstorbene Emigrant sein Glück fand und wie viel Liebe er noch antraf, weiß Jake nicht, wird es nie erfahren.

Nur dass er bei der Frühstückspause an seine Eltern denken muss, an den immermüden und oft übel gelaunten Dad und an die Mutter, die manchmal Geschichten erzählte aus ihrer Heimat, die ganz woanders war.

Und Jake schnauft wieder und gibt sich einen Ruck, weil er weiß, dass die Welt nur so tut, als ob sie nichts wüsste.

> Die Liebe hat keinen anderen
> Namen, nie.

Zungenblut

Dieser Geschmack
beim Sprechen
der die Lüge vorwegnimmt
sich weigert
sich erinnert
an mich und an dich
Der Geschmack
beim Lieben
der wie Blei von alten
Leitungen schon
den Nachbarn vergiftete
Dieser Geschmack
kommt vom Zungenblut
das ich immer wieder
schlucke.

Morgendliche Herbstansicht

Ein Licht
hat sich in die Nacht
gekrallt

Ein erleuchtetes
Fenster ist viel zu einsam
um wahr zu sein

Die Dunkelheit hat sich verbraucht
der Atem der Träume
wird hinausgelüftet

ein graues Gardinenende
winkt zum Abschied

dazwischen
Gebete Nebelkrähen
Schritte

Ausgetragene Zeitungen
räuspern sich in den
Briefkästen

Ein Lieferwagen
weiß nicht wohin

und findet Unterschlupf
in einer Seitenstraße

Unter entlaubten Bäumen
trägt ein Regenschirm
Frühstück nach Hause.

Die zersplitterten Worte der Pappeln

Aus der Kindheit
versetztem Traum
stehen noch vier.
Sie flüstern von mir
damals
als ich als Cowboy und Indianer
durch sie hindurchritt.
Zwischen den Zähnen
Das Kauderwelsch der Kindheit
schießn, verwehng, kauboi.
Den Wilden Westen im Herzen
und beim Ravioli-Essen den Colt
gelassen im Gurt.

Mein Revolverheld

Weil er sich aus der
Welt traut.
Der schwere Schritt
den Hut tief in
die Stirn.
Sauberes Hemd,
Narbengesicht.
Den Staub des Lebens
von den Stiefeln
geputzt.
Der schwere Schritt
fällt ihm leicht.
Er sieht diese Welt
mit tödlichen Augen.

À Schlabbndooch (Ein Schlappentag)

Meine Stadt
freut sich aufs Bier
Regen droht
die Bratwurstglut
erwärmt die letzten
eisigen Herzen
den Kopf im Sud
die Stammwürze
berechnend
dokumentieren
am Morgen danach
die Ausgaben
von Glassplittern
Erbrochenem
studierbarem Inhalts
und Urinlachen
die zu kleinsten
Rinnsalen vereint
von den blubbernden
Träumen eines
weiteren Versuchs
zu vergessen
künden
Danach weht aus dem
erkrankten Kopf
eine derbe Fahne
und so geht man
nun kusslos
dem nächsten
Fest zu.

In meiner Kindheit
spielten die
Schwalben mit
Sie waren die Aasgeier
die über dem
Verlust des Freundes
kreisten
den es nun zu rächen
galt
bis die Mutter
rief
weil die Dunkelheit
uns längst
umzingelt hatte.

Für Armin T. Wegner

Auf Stromboli
vergessen

ohne Filmkamera
unweit von
Ingrid Bergmans
Vulkanen

die Wellen
enträtselt

Die Liebe aus
Not taugte nichts.

Angelangt in Rom
schüttete ihn die
Einsamkeit zu

Es begann das
wortlose Schreiben
das Warten und Flehen
Die Zeit war bis zum Ende
lässig und großzügig

Für die Zuspätgekommenen
bleibt ein verwittertes Licht
ein kolossaler Nachlass
und ein bisschen Platz
für uns

zum Weiterdichten.

An der Stundenlänge
vorbei
zwängt sich der Tag
hörst den Lärm
der Stadt
hältst die Augen
geschlossen

auf der Nase
spürst du die
Sonne
und stehst dabei
immer auf
der Schwelle
deines Schattens.

Ach, Mensch,
es gibt sie doch
die schönen Dinge
des Lebens
stattliche Häuser
rauschende Natur
die Frauen darin
Bücher, erlesene
Speisen und
dazwischen
ab und an
ein Western

keine Angst
nur in schwarzweiß
und mit einem
glücklichen Schluss

für die Guten.

Ein Baum wächst in Brooklyn

So ne Rundreise
mitten in Herz und Verstand
dazu verfilmte
Erinnerungen
in ein fremdes
Leben riechen
Dahinter die Stille
erleben
und des
betrunkenen
Vaters Lied

So muffig kann
New York sein
und die Verzweiflung
ist nicht schön
Nur die Stimmung
dieses Films
gleich unter der
Haut wie unter
der Mattscheibe.

EinBlick

Ein verschneiter
Sommertag

Die Erinnerung
wählt dich
zum Publikum

Die Unterarme
auf die Oberschenkel
gestützt
sitzt du dabei

Die Augen
wie durch
ein Visier

zweifelnd
gewappnet.

Blicke II

Damals

Aus den Augenwinkeln
über deine Schulter
den Rücken hinab
über den Po.

Da tritt ein Lächeln
auf bei mir
hoch zu deiner
Nasenspitze
deinem Mund zu
in die Augenwinkel.

Blicke III

Ich blinzelte
in ihr Blond
scherzte mit ihren
Augen
leckte
über meine Lippen
als ich ihren
Mund sah

Dabei hielt
ich ihre Hand
in beachtlicher
Höhe.

Aus der Hand
lesen
als hielte man
ein Buch
ich lese laut
das verstört
ernte Stimmen
und Blicke
die unfrei sind
ihre eigenen
Kerkermeister
mit der Neigung
zum Quälen
blättere sogar
um
unbeirrt
als ginge ich
durch einen Park
aus Herbst
und raschelndem
Laub.

> Boxen,
> das ist geplanter Affekt.

Vom letzten Gefecht

Von unten
nach oben
ganz quer
bis in die Fresse
und gestochen
gerade wie ein
Baumstamm
zum Kopf
gerammt
ohne Mitgefühl
zerschlagen
alles an ihm
zertrümmern.

Die Nacht zerreißt
über den Dächern
im Morgentau
spiegeln sich
die Seelen
verkehrt wider
eine Kaffeemaschine
platzt
graugrün
wölbt sich
der frische Tag
über dich
des Vorhangs
wegen.

Im Lauf des Tages

Bier gekauft
wegen des Vorrats
und dessen Erhalts
damit man vor dem Kentern
der Nacht schon mal weit
genug hinausgeschwommen ist.

Filmhelden

Stunden um Stunden
zugesehen, nachgespielt
hingeträumt
weitergedichtet
das Vertrauen
nie gebrochen
das Kennenlernen
nie abgeschaltet.

Mein Vater hieß

Kirk Douglas
James Stewart
Spencer Tracy
Maureen O'Hara
bewunderte ich
nach Lana Turner
verzehrte ich mich
und in Carole Lombard
verliebte ich mich
zu spät.

Regieanweisung

„Ich hatte viele Väter."

„Manchmal sprichst du wie
in einem Western."

(mit einem Lächeln) „Ich weiß."

Miss Libertys Lächeln

Über Land
weil kein Meer
da ist
unendlich
weit und breit
wie der Glaube
daran

Eines davon
zu überqueren
dereinst
wenn man schon
viele Sommer
und Herbste
vergessen hat
und immer wieder
von denselben
Wintern und
Frühlingsanfängen
träumt

Dann wird es
soweit sein
dazu zu gehören
zu den Besuchern
die Einwanderer spielen
im Hafen
New Yorks

An der Reling zu stehen
dem Abschied eines
alten Traumes zu winken
und heimlich Miss Libertys
Lächeln zu erwidern.

„I will inspire their hearts."
aus David Edelstadts Gedicht „My Will"

David Edelstadt

Ich weiß nicht wo
dein Schiff anlegte
und wie die erste Nacht
war in der Hafengegend
New Yorks

Torkelnd
von Hoffnung
und Lüge
von Geilheit und Not
von Leben mit aller
Kraft und dem
Geschrei so vieler
Sprachen

O diese Stadt
wo du gekämpft hast
und durch die Knopflöcher
gedichtet und Maß genommen
an der Verzweiflung
nach Luft geschnappt jeden
Tag den die Arbeit
verfaulen ließ

Schließlich
aus dem Grab
dein Testament
David wie die
gute alte Schleuder
von damals
gegen Goliath.

Wildwuchs

Da wächst schon die
Birke aus dem Haus
ohne Geländer
unterm Vordach
hinweg nach
oben ganz frei
zu Regen Wind und
Sonne
Gewitter Hagel und
Schnee

Die Menschen des
Hauses
haben sich längst schon
vergessen
auseinander gesprengt
zu suchen das Glück
dabei die Freiheit
vertreibend
so kehren sie
jährlich
vor neuerer Heimstatt
die herbstlichen
Blätter
der thronenden
Birke.

für B. L.

Ein Weihnachtsgeschenk

Die Blätter gehen
der Winter kommt
Tag- und Nachtschicht
Rund um die Uhr.

Dazwischen öffnen sich
Bücher, langes Sinnieren,
Schweigen.
Erinnerungen schälen.

Ich überlege mir ein
Geschenk für sie.
Und tu' so, als ob ich
es ihr gäbe.

Spüre ihr Lachen,
öffne das Fenster
und schicke es
über die Stadt.

Und bis zum Morgen
tanze ich mit den
Schneeflocken.

22.08.2012

für Utz Rachowski

Erinnerung
ruft mich
ich winke
nicht ab
winke sie her
sie zögert
plötzlich
wie ich
denn wir
trauen
uns alles zu.

Der Verrat

lechzte nach
deiner Stimme
irgendwann
hast du sie
ihm gegeben
aus Wollust
aus Rache
aus Neugier.

                    Karfreitag, den 29.03.'13

Ans Meer gelagert

Die Boote liegen
Kiel oben
wie segnende
Hände
die das Ufer säumen

Der Strand
verschweigt die
Rettung

Die Wellen
greifen zu
immer wieder
greifen sie zu

Sie sind die geduldigste
Gier der Welt.

Das gute Wort sucht
Unterschlupf
und Halt
und seine Zeit
des Lebens
denn
dort
wo der Mensch
es verlässt
war oft der
beste Platz.

Im Herzen zu sein
diese vertraute
Methode
zu leben
war abhanden
gekommen
im Ungestüm
der Tagesration
„Durchhalten"
begann der alte
Projektor
diesen noch
älteren Film
abzuspielen
mit allen Geräuschen
des Atmens
das Rascheln
der Sprechpausen
wo nur Blicke
tosen
und die Gesichter
in schwarzweiß
so jung sind.

Zurückkehren
zu mir ins Eigentliche
Worte schlagen und schweben
Worte zermalmen Worte
Worte sind über uns
und in uns und unter uns

Nur die Stimme gibt ihnen
ein anderes Leben immer zu
und am schönsten sind meine
Worte von dir gesprochen.

für Roland Spranger

Alte Filme

In der Nacht
ein vergangener
in Verklärung
übergegangener Gruß
denn die Kindheit
ist immer
der Beginn von
einsamer Tapferkeit

Jedenfalls
im schwarzweißen
Flackern
der Geschichten
kümmern sich
die Helden
nur um dich.

Wie ich deine Aufmerksamkeit erregte

Indem ich ein Buch
hielt, darin las.

Die Finger zitterten
leicht, als ich die
obere Spitze der
folgenden Seite
berührte.

Jedes Mal
atmete ich auf,
wenn ich ein
weiteres Gedicht
vorfand.

Ich stockte,
stach mich
und sah dich,
deinen etwas
verwunderten
Blick.

Und dein Lächeln,
das zu mir aus
deinem Zögern
kam.

Ganz allein

Von der Frische des Lichts
an einem Morgen
voller Sonne
Stille
und kalter Luft
sich den Augenblick
holen
ganz allein
ihn genießen
teilen und
vermehren
ganz allein
mit dir.

Das Jahr zu sättigen

Iss und trink
vom Zauber

Tanze über die Straßen
und Felder

Das Auge am Himmel
die Stimme im Herzen
rechne das Jahr
nicht nach

Es wird immer
etwas fehlen

Trink von der Sehnsucht
und begrüße
die Liebe
gleich wo du sie findest
selbst in den hintersten
Kellern des Monats

Iss und trink
vom Zauber

Nur so
wirst du satt.

für B. L.

Jahr für Jahr

Liebe verdirbt nicht
sie bleibt klar
so ins Jahr gestochen
wie ein Dolch ins Herz
auf der Klinge
allein ihr Name
vom Schmelzblut
der Träume
vom Kopf längst
übergelaufen
ins Ich.

Da ist ein Hämmern über der Welt

Ohne Rhythmus
willkürlich

Man hört Eisen auf Eisen
und das Echo im Balken
wie es durch die Luft schwirrt

Vom Fleisch hört man
nichts

Vielleicht so mancher
einen Schrei
der in Ohnmacht
verpufft

Aber da war keine Ohnmacht
nur die Stille der Welt.

So weit die Welt, so schön die Welt.
O Licht, schneid' mich nicht los vom Seil.
Der Aufstieg ist hart mit einfachsten Mitteln.

Der Berg der Versuchung mit Spencer Tracy,
schon weißhaarig, ein kleiner, aber guter Film,
der nur von Spencer Tracy lebt. Und er bezwingt
den Berg und verliert dabei seinen bösen Bruder,
den er so liebte.
Da ist kein Triumph, da ist eine gerettete Seele,
das genügt.

Die Sonne legt Zeugnis ab, Tag für Tag.
Die Liebe flüstert sich oft selbst zu Ende.
Wie zwei, drei letzte, sachte Küsse auf die Stirn.

Ganz oben, das Kreuz, als ob da einer stünde,
der dich umarmen wollte.
Ein schräger Schatten zeigt nach unten.
Dorthin, wo man sich gerade befindet.
Weil man sich ausruhen muss.

Nur einen Augenblick, nur einen Sonnenarm lang.

O diese kühlen Gedanken
In aller Früh
an der Kirche
vorbei
ins Getümmel
umarmt
gewusste Welt
Markttag
Wochenende

Einsamkeit
ist verboten.

für Rose Ausländer

Ohne Gnade auskommen
mit blutleeren Lippen sollst du
singen und sprechen

Der Chor zwingt dich
fröhlich zu sein
einzustimmen
in die Gnade der Welt.

Diese Gnade kostet so viel
mehr als Gebete

Diese Gnade ist wie ein
verlorener Zettel mit Einkäufen
darauf, 1 Brot, 2 Milch
etwas zum Naschen
und drei Wörter für ein Gedicht

Grashalm, Sonne, Wind
weil es nichts Schöneres gibt.

Dann öffnet sich die Nacht
und du spielst den Star und den Helden
bist als Meuterer im Bauch eines
sinkenden Schiffes angekettet
und Captain Bligh sieht aus wie
Charles Laughton
und du sehnst dich nach den
Mädchen auf Tahiti und schläfst ein.
Schläfst ein in deinem Sessel
der steht in einer Burg
eine feste Burg ist unser Gott
mit einem Tor
bist geborgen, aber nimmst es
nicht wahr
weil du schläfst.
Ein letztes Licht erlischt
es zeigt die Finsternis an
es zeigt ein Gesicht.

Ein Gespräch von daheim

I: Wenn du wüsstest, wie ich solche Familien
beneide.
Sie, schön und klug und witzig und am liebsten
blond und er, groß und stark, hat Geld und ist dunkel.
Das Kind ist zuckersüß.

M: Die immer, alle wollen sie groß und dunkel.
Sollen sie doch nach Afrika gehen.

I: Wieso nach Afrika?

M: Na zu den Massai, die sind alle groß und dunkel.

Das ist der Neid
der so schlecht abnimmt, wie der fette Mann,
der jeden Morgen an der Fressbude ne Currywurst
mit Pommes verdrückt.
Das ist der Neid, er sitzt bei dir in der Tiefe.
Und auf einmal bist du Jonas im Kerker!
Ein Unding der Liebe.
O dieser Neid, der immer geil ist und Kriege macht.

Heimkehr in die Fremde

Das leere Zimmer
der Geruch des Todes,
der durch die Erinnerung schleicht
wie Leinöl, Krebs und dunkles Mutterblut

Die Träume haben es schwer
denn sie berauben dich
Nacht für Nacht

Du betest und betest
die Rötung der zusammengepressten
Hände bleibt
noch eine Weile sichtbar
sonst nichts

Gott wohnt in allen Dingen
in allen Menschen
Hauptsache er wohnt in mir
denkst du und zitterst

Weil man diese Wärme
Liebe nennen kann
diese Liebe die in deinen
Mundwinkeln sichtbar wird
indem du lächelst.

Gedicht, zweimal hintereinander laut zu lesen

Die Nacht zu begraben
stecht tiefer die Schaufel
bin geboren in Buchenwald
weht ihr Haar in kahlen Zweigen
glaub ich bin zehn Jahre alt
nenn die Nacht nicht Nacht
Käpt'n Ahab
Ahab, der ausgespieene Sohn
dein Antlitz verweht wie
Rauch im Wind
ob jene weiße Wolke dort
und er pfeift seine Rüden herbei
und er pfeift seine Juden hervor
nicht auch der Rauch
verbrannter Menschen war
Ich liebe Dich
ich denke man hört einfach
auf zu atmen.

Weil es nichts Schöneres gibt

Wenn du dich an mich lehnst
und deine Schläfe leise summt
diese Melodie
die vom Herzen kommt
formen sich deine Lippen
zur schönsten
Verwunderung.

für Les Murray

Mein schwarzer Hund
geifert
und hechelt zu laut
er stinkt
das nasse Fell will
und will nicht
trocknen
doch er ist so
widerlich treu
sucht meinen
Oberschenkel wenn
ich im Sessel sitze
und atmet
atmet mich voll.

Wenn die Liebe in dir

Wenn die Liebe in dir
ins Leere greift
dich selbst nicht mehr
fassen kann
verlierst du dein Herz

Dir strömt November ins Blut
die Äste glänzen schwarz
im Grau
und deine Kuschelecke
birgt ein Kissen einen Schal
und ein schlafendes Tier

Die Gewalt
lehnt am Türstock
und langweilt sich
und du versickerst im
fahlen Licht
eh' die Nacht kommt.

Solch eine Zärtlichkeit
und das heutzutage
ein verwitterter Engel
um ihn zu viele Spuren
die nichts mehr sagen
und diese Trauer
aufs Geratewohl
weil man ja nie
wissen kann.

In meines Vaters Haus sind viele
Wohnungen lass mich einziehen
mit Sack und Pack und lieben Büchern.

Lass mich ausruhen, Herr, und lass mich
arbeiten und lass das Laub von Platanen
für mich in der Sonne tänzeln
und mich das Meer riechen, selbst dort,
wo keines ist.

Ach, Herr, mach' die Hoffnung wahr.
Denn hätten wir die Liebe nicht

> In dem Film „The Defiants one" (deutscher Titel „Flucht in Ketten") sagt Sidney Poitier zu Tony Curtis: „So ist das mit dem Wort Nigger; mit der Muttermilch saugst du es ein und ein Leben lang spuckst du es aus."

Hinterm Ziegelacker

Hinterm Ziegelacker
die Kindheit ohne Fahrrad
als Kämpfer gelebt
als Cowboy gestorben

Der Geruch der Mälzerei
beim Einschlafen mitgebetet

Pappeln rauschten
das Gewitter schön

Die Liebe der Mutter

Am Bahndamm Stachelbeeren
sauere kleine Äpfel
und immer ein Versteck

Rote und weiße Johannisbeeren
durch den Zaun gepflückt

Die Oma kochte gut
und zum Bruder
konnte man
aufsehen.

„Das ist Rassenschande."
Aus Istvan Szabos Film „Mephisto"

Negerhure

Neun Buchstaben
aus Zeitungen sauber
ausgeschnitten
und akkurat aneinander
geklebt
auf einen grauen Streifen
Pappkarton
in den Briefkasten
geworfen
heimlich, rasch
und feige
die Mutter
wurde still
und stumm
der Sohn schlug
mit der Faust
gegen die Wand
so dass die Knöchel
platzten.

Bankert

Die ohne Vater
das war ein Begriff

Man selbst hatte keinen
nur verwegene Träume
ein Gespür für den Verlust

Meiner war Seefahrer und Taxifahrer
und Soldat

Der von meinem Bruder schon tot
Vietnam

Das war keine Träumerei
Das war ernst wie
die zwei blassen
Fotos
von Mr. Jones.

Verliebtsein

Josephina
griechische Türkin
so feierlich ihr Gang
ihre Geste
ich, halb Grieche, halb Deutscher,
also von hier,
lief
und sah
und betete
ihr nach.

Aufenthaltsort Erinnerung

*Die gerahmten Gefühle bleiben
bestellbar.*

Nasenbluten nach einem Zweikampf.
Der Sieg war schön.
Man fuhr mit dem Bus in die Stadt.
An der Handkante noch Blut.
Der Körper so schnell und so sehnig,
nichts Weiches.
Nur Sommer und Herbst.

Schlaflos aber voller Wunder
die Hände riechen
nach Lauch
der frisch
geschnitten
in der Kasserolle stirbt

Am frühen Morgen
ganz zerzaust
erinnert sich
das Leben
an die Welt
an diese Front

Nein, das ist hundert
Jahre
her und hat
den Geschmack
von jetzt

Nur nicht hier
nicht gleich
und andere
ziehen wieder
Kinder groß

So verscheucht
man die Angst
vor dem Fremdsein
das in einem selbst
so winterlich
blüht.

Wenn die Stunde es so will
und der Monat auch
dann ist alles weiß
der Schnee vermeidet
die Bitternis

Ich sitze in meinem
Café
es sind keine
Raubtiere da
und keine bösen
Menschen die
Ohren anschneiden

Nur die eine süße
Frau und draußen
fällt Schnee
wie in alten Filmen.

für Anja und Renate

Meine Buchhändlerinnen

Ach, wenn ihr wüsstet, wie die Nacht
mich verblüht.
Ach, wenn ihr ahntet, wie ich euch
verehre.
Allein an jedem Morgen vor den Fenstern
durch alle Bücher hindurch.
Das Licht eures Lächelns
die Kraft und der Schwung
eurer Körper.
Die Tür, die sich öffnet, der Duft,
die Wärme.
Einige Bücher zwinkern mir zu,
denn sie wissen so ziemlich
alles von uns.

Wenn die Zeit stehen bleibt

Wenn die Zeit
stehen bleibt
hast du
dich verloren
mit den
Erinnerungen
in der
Sprache
des Vaters
als hättet
ihr euch
endlich
gefunden.

Piraten

Wiesen, Felder
Klee, Weizen
Kukuruz
Kartoffeln
und Zuckerrüben
dazwischen
ein leckgeschlagenes
Boot
in dem Raben
hausen.

Großvaters Apfelsinenplantagen

Auf dem Nachhauseweg
streif ich dort entlang
die Blüten zu sehen
den wächsernen hohen Himmel
und die Nähe des Meeres
zu riechen
Diese Heimkehr ist noch
ungeübt
Ein Wind ist da
der die Haut liebt
Zurück in die Einsamkeit
aber nur in die, die man
sich aussucht
eine Stunde lang oder zwei
vielleicht am Morgen
dann zurück zum
Haus des Vaters
und zu der Frau
des Lebens
um mit ihr die Freude
des Wartens
in einer Umarmung
aufzulösen.

für Mae Murray

Schlaf aus dem Verderben

Auf der Parkbank verschlafen.
Die Stadt hat sie geweckt.
Entdeckt von einer frühen Passantin,
einer Träumerin auf dem Weg zur Arbeit.
Kurz vorm Wochenende, vorm Kinoprogramm.
Da lag die Frau im Mantel
mit Schal, alt und den Mund wie
ein verzweifeltes Herz im Schlaf.
Kalt war's und der Gin verflogen
bis auf den Geruch.
Einem echten Fan macht das nichts.
Der erschrickt nur und kümmert sich
um seine alte Bewunderung.

Wurstwasser dampft

Zurechtgelehnt im Stuhl
die Frühlingssonne war selten so lieb
die Augen geschlossen

Autos, Stimmen, hohe Absätze
zum Greifen nah
steht der Messingkasten
vom Wärschdlamo

Jetzt ein Paar Wiener
die Düfte locken
und frohlocken

Alle Sinne werden gefordert
Man saß endlich wieder in
einer weichen Welt

Momente mit Sonnenerlaubnis
bevor sie die Straße
wieder verlässt.

Durch dich

verlieren Schatten
ihre Macht
Öle träufeln die
Zunge weich
alte verhärtete Worte
gewähren mit einem Mal
Einblick und Licht
und Zweige verschwenden
plötzlich ihr Grün
und das
mitten im November.

für Sven Pippig

Vielleicht,
vielleicht
ist das einzige
was der Tod
nicht verträgt
ein kurzes Lächeln
in seiner Gegenwart
vielleicht
entgleitet die Absicht
zu leben
in der größten
Fähigkeit
zu lieben.

A Star is born

Schweigsame Nächte.
Deine Liebe raucht aus.
Glimmt.
Verlischt.
Und ich sehe
die Nacht
als Licht und
den Traum
als Welt.

Der Traum
fragt mich aus
über meine
verheerende Liebe
zu dir
doch ich
gestehe nur
ein Lächeln.

Anmerkungen

À Schlabbndooch (Ein Schlappentag)
Hofer Nationalfeiertag (seit 1432), der mit einem extra süffig gebrautem Bier gefeiert wird.

Armin T. Wegner
deutscher Schriftsteller (1886 – 1978).

Ein Baum wächst in Brooklyn
amerikanischer Spielfilm aus dem Jahr 1945 nach dem gleichnamigen Roman von Betty Smith „A Tree grows in Brooklyn", Regie Elia Kazan.

Mein Vater hieß
Kirk Douglas, amerikanischer Schauspieler, geb. 1916;
Spencer Tracy, amerikanischer Schauspieler (1900 – 1967);
James Stewart, amerikanischer Schauspieler (1908 – 1997);
Maureen O'Hara, amerikanische Schauspielerin, geb. 1920;
Lana Turner, amerikanische Schauspielerin (1921 – 1995);
Carole Lombard, amerikanische Schauspielerin (1908 – 1942).

David Edelstadt
jiddischer Schriftsteller (1866 – 1892).

Dann öffnet sich die Nacht
Charles Laughton, britischer und ab 1950 amerikanischer Schauspieler (1899 – 1962).

„Mein schwarzer Hund"
von Winston Churchill, englischer Staatsmann (1874 – 1965), geprägter Begriff für die psychische Depression.

Les Murray
australischer Lyriker, geb. 1938.

Hinterm Ziegelacker
Sidney Poitier, amerikanischer Schauspieler, geb. 1927;
Tony Curtis, amerikanischer Schauspieler (1925 – 2010).

Bankert
Schimpfwort, im Sinne von auf einer Sitzbank gezeugt.

Schlaf aus dem Verderben
Mae Murray, amerikanische Schauspielerin, Stummfilmstar (1889 – 1965).

Das Wurstwasser dampft
Wärschtlamo, Oberfränkisch (Dialekt) für Würstchenverkäufer, bietet seine heißen Würste aus einem tragbaren Messingkessel an; gibt es nur in Hof, erstmals 1881.

Inhalt

Liebe und Traum	7
Beim Wohnungsauflösen eines verstorbenen Emigranten	8
Zungenblut	9
Morgendliche Herbstansicht	10
Die zersplitterten Worte der Pappeln	11
Mein Revolverheld	12
À Schlabbndoch (Ein Schlappentag)	13
In meiner Kindheit	14
Armin T. Wegner	15
An der Stundenlänge	16
Ach, Mensch,	17
Ein Baum wächst in Brooklyn	18
EinBlick	19
Blicke II	20
Blicke III	21
Aus der Hand	22
Vom letzten Gefecht	23
Die Nacht zerreißt	24
Im Lauf des Tages	25
Filmhelden	26
Mein Vater hieß	27
Regieanweisung	28
Miss Libertys Lächeln	29
David Edelstadt	30

Wildwuchs	31
Ein Weihnachtsgeschenk	32
Erinnerung	33
Der Verrat	34
Ans Meer gelagert	35
Das gute Wort sucht	36
Im Herzen zu sein	37
Zurückkehren	38
Alte Filme	39
Wie ich deine Aufmerksamkeit erregte	40
Ganz allein	41
Das Jahr zu sättigen	42
Jahr für Jahr	43
Da ist ein Hämmern über der Welt	44
So weit die Welt	45
O diese kühlen Gedanken	46
Ohne Gnade auskommen	47
Dann öffnet sich die Nacht	48
Ein Gespräch von daheim	49
Das ist der Neid	50
Heimkehr in die Fremde	51
Die Nacht zu begrüßen	52
Weil es nichts Schöneres gibt	53
Mein schwarzer Hund	54
Wenn die Liebe in dir	55
Solch eine Zärtlichkeit	56
In meines Vaters Haus	57

Hinterm Ziegelacker	58
Negerhure	59
Bankert	60
Verliebtsein	61
Aufenthaltsort Erinnerung	62
Schlaflos aber voller Wunder	63
Wenn die Stunde es so will	64
Meine Buchhändlerinnen	65
Wenn die Zeit stehen bleibt	66
Piraten	67
Großvaters Apfelsinenplantagen	68
Schlaflos aus dem Verderben	69
Wurstwasser dampft	70
Durch dich	71
Vielleicht	72
A Star is born	73
Der Traum	74
Anmerkungen	75

Ganz lieben Dank
an meine Freunde

Stefan Klein
und Ralph Reinhardt
für jedwede Unterstützung